ASSAINISSEMENT DE MARSEILLE

ET

LE PROJET CARTIER

Étude et Critique

Jules PETIN

Propriétaire, Ingénieur civil de l'École des Mines de Paris
Membre de l'Iron and steel Institut d'Angleterre
Membre de la Société Scientifique Industrielle de Marseille
Membre de la Chambre syndicale des Propriétaires Marseillais

MARSEILLE
IMPRIMERIE DES PETITES AFFICHES
Boulevard de Paris, 31-33

1891

L'ASSAINISSEMENT DE MARSEILLE

ET

LE PROJET CARTIER

Étude et Critique

Jules PETIN

Propriétaire, Ingénieur civil de l'Ecole des Mines de Paris
Membre de l'Iron and steel Institute d'Angleterre
Membre de la Société Scientifique Industrielle de Marseille
Membre de la Chambre syndicale des Propriétaires Marseillais

MARSEILLE

IMPRIMERIE DES PETITES AFFICHES

Boulevard de Paris, 31-33

—

1891

L'ASSAINISSEMENT DE MARSEILLE

Si on s'en rapporte seulement à la mortalité générale qui est de 32 0/00, Marseille est une des villes les plus insalubres d'Europe et des plus dangereuses à habiter.

Cependant en dehors des épidémies fréquentes il est vrai, mais qui proviennent plus de sa situation maritime que de ses conditions propres, Marseille n'est pas plus insalubre que la plupart des grandes villes. Tous ceux qui l'ont habité quelques années peuvent en témoigner.

D'où vient donc cette appréciation démentie par la statistique.

L'éminent Docteur Mireur qui a étudié avec tant de sagacité l'état sanitaire de Marseille en a donné la raison en décomposant la mortalité générale et en l'étudiant par quartier.

En le prenant pour guide on voit de suite que seuls les quartiers ouvriers et populeux sont insalubres.

Le reste de la Ville, les quartiers commerçants et ceux habités par les classes aisées, sont dans une situation très normale que l'on peut comparer à celles de Berlin et de Bruxelles après leur transformation, situation que l'on prend partout comme modèle.

On peut demander mieux encore, mais cette amélioration n'est pas urgente, pourrait attendre.

Il y a donc deux parts à faire, le Marseille sain et le Marseille malsain, et, à quel point? Les chiffres suivants empruntés au Docteur Mireur et cités dans un rapport du Docteur Proust, sont hélas! trop éloquents : Quartiers : de la Gare du Sud, 35 par mille — Carénage, 36, 7 — de l'Hôpital militaire, 37, 4 — Place d'Aix, 38 — Hôtel-Dieu, 38, 9 — Hôtel-de-Ville, 47.

Ces chiffres, on le comprend, élèvent la moyenne générale et font de Marseille une des villes où la mortalité annuelle est la plus élevée, malgré l'état satisfaisant du reste de la ville.

N'est-il pas évident dès lors que si l'on veut améliorer la situation sanitaire, ce sont ces quartiers, foyers d'infection et d'épidémie qu'il faut assainir tout d'abord et cela sans retard, sans demi mesures.

Il faut commencer par élaborer un plan général de l'assainissement, puis attaquer le mal où il est le plus grave, une fois le membre gangréné revenu à la santé, on pourra à loisir s'occuper d'améliorer l'état général.

Pour le moment il faut concentrer tous les efforts sur les vieux quartiers qui sont la plaie purulente de Marseille, et sans faiblesse, la supprimer.

Ce sera moins grandiose, moins glorieux à étaler sur un programme que d'annoncer de grands travaux qui doivent assainir tous les quartiers à la fois, mais ce sera plus utile.

L'infection est dans les vieux quartiers, il faut les assainir. Quel est le moyen ?

Avant d'aller plus loin, il faut bien préciser ce que l'on entend aujourd'hui par le mot *assainir* une ville. Cela nous paraît d'autant plus nécessaire qu'il se produit une singulière confusion dans les esprits à ce sujet, même dans le sein des commissions et de la municipalité (voir les rapports de MM. Baret, maire; Jules Roux, Maurin et de la commission d'enquête); puisque le docteur Mireur, lui-même appelle le projet Cartier, projet d'assainissement.

Tous les hygiénistes, tous les ingénieurs, sont absolument d'accord. Le problème de l'assainissement d'une ville se compose de trois termes essentiels, intimement liés, qui, par leur ensemble seulement, donnent à une ville de bonnes conditions sanitaires :

1o Une alimentation abondante en eau pure et saine;
2o Des habitations et des rues aérées;
3o Une évacuation rapide des résidus.

Il faut que l'eau pure et saine, destinée aux usages domestiques, soit amenée aux consommateurs par une conduite la mettant à l'abri de toute pollution et en quantité suffisante. Il faut également alimenter largement les services publics, lavage des rues, des égouts et autres.

Il faut des rues larges, bien exposées, bien pavées, munies d'égouts pour que le nettoyage en soit facile et rapide et que le sol ne s'imprègne pas des eaux usées qui le transforment en boues chargées de matières organiques putréfiées et, suivant l'expression d'un hygiéniste, en bouillon de culture de tous les microbes infectieux qui par les poussières seront portés partout.

Il faut des maisons assez spacieuses pour le nombre d'habitants qu'elles doivent contenir, munies d'assez d'ouvertures pour amener l'air et le jour dans toutes leurs parties.

Il faut enfin un système d'enlèvement rapide des matières usées, et des égouts pouvant entraîner les résidus domestiques, industriels et publics, rapidement, avant toute fermentation, sur un point où ils ne seront plus nuisibles.

Cette simple nomenclature démontre combien les plans grandioses *(surtout par leur prix)* que l'on projette en ce moment, réaliseront incomplètement l'assainissement de noire ville.

Au contraire, par l'énormité des sacrifices qu'imposera l'exécution des travaux projetés, rendra impossible pour longtemps la vraie solution du problème.

L'amélioration qu'on obtiendra sera insignifiante, parce qu'on n'aura rien changé aux conditions sanitaires de nos quartiers populeux et malsains, qui ne pouvant profiter des égouts dans l'état où ils sont, resteront comme par le passé des foyers d'épidémie et des centres d'énorme mortalité.

Marseille, nous l'avons déjà dit, se divise en deux parties, en deux villes :

Les quartiers commerçants et aisés et les quartiers populeux.

Cette division est bien nette, bien tranchée et chacune peut être aisément délimitée.

Les premiers sont de construction moderne, un siècle au plus, l'eau pour les services publics y est abondante. Presque toutes les maisons reçoivent de l'eau pour les usages domestiques, à tous les étages, en quantité suffisante. Les rues sont assez larges, pavées, balayées et entretenues au moins dans le centre où la population est le plus agglomérée. Les détritus sont enlevés avec régularité et la police est vigilante. Chaque maison a des cabinets d'aisance, souvent à chaque étage, elles sont munies de puisards ou de tinettes filtrantes, en un mot, d'un système de vidange, sinon très perfectionné, du moins considéré comme suffisant dans bien des villes, au moins temporairement.

Les principales rues ont des égouts et beaucoup de rues moins importantes leur sont reliées par des branchements construits par les propriétaires eux-mêmes.

En un mot, les règles les plus essentielles de l'hygiène y sont respectées, aussi la salubrité y est-elle bonne.

Les quartiers ouvriers et populeux se divisent en deux parties également bien délimitées et bien distinctes.

Les *vieux quartiers*, par le Vieux-Port, la Joliette, le boulevard des Dames, le boulevard du Nord, la rue Noailles et la Cannebière, plus le Marché des Capucins et la rue d'Aubagne, enfin le quartier sud du Vieux-Port entre celui-ci et la rue Sainte. C'est l'ancien Marseille, la ville d'avant ce siècle.

Les rues sont étroites, tortueuses, à peine pavées, encombrées de détritus de toutes sortes, à ne savoir où poser le pied, balayées rarement et mal, jamais arrosées autrement que par le ruisseau qui sert de déversoir aux eaux ménagères et vannes, et le sol en est profondément pollué par les résidus de plusieurs siècles.

Les maisons sont hautes, étroites, adossées les unes aux autres sans cour, sans jour, sans air.

Les habitants n'ont d'autre eau que celle des bornes-fontaines, pas de cabinets d'aisance, pas d'autre moyen de vidange que la *tinette sèche*, c'est-à-dire un récipient placé sur le toit où chaque habitant jette, ou plutôt devrait jeter, les matières fécales, qui s'enlève une fois par semaine, par mois, ou jamais... Pas d'égout, pas de bouches d'arrosage; enlèvement très irrégulier et très mal fait des ordures et résidus domestiques.

La deuxième partie des quartiers ouvriers est formée par les faubourgs. Ils sont plus tristes encore à parcourir.

Ce sont la plupart du temps de vastes enclos, des rues non classées où aucun nettoyage, aucun enlèvement ne se fait, l'entretien de la voirie est nul, on n'y compte aucune borne-fontaine, on n'y pratique aucun arrosage, les habitations sont des masures, des baraques

informes, des maisonnettes mal construites avec des matériaux de
démolition.

Ces quartiers entourent la vieille et nouvelle ville d'une ceinture
d'infection.

Voilà le tableau fidèle, sans atténuation, mais point chargé et
fait sans parti-pris, de la ville de Marseille.

On comprend combien ces derniers quartiers sont insalubres et
quel terrain propice ils offrent aux épidémies.

Nous allons examiner maintenant avec plus de détail les ressources de la ville et de chacune de ses parties, comme eau,
vidanges et égouts, et voir si ces ressources sont en correspondance
avec l'état sanitaire.

Eau

En dehors des sources isolées et des puits, Marseille est alimentée
par trois canalisations : celles de la Rose, de l'Huveaune et de la
Durance.

La première est la propriété d'une Société; elle débite de 5 à 600
mètres cubes par 24 heures, distribués à 650 concessionnaires.
Cette eau ne compte donc que fort peu dans la consommation
générale, d'autant que par son niveau assez bas, elle ne peut
atteindre les étages, et beaucoup de maisons qui en sont pourvues
sont également alimentées pas l'eau de la Durance. C'est fâcheux,
car l'eau de la Rose est pure et de bonne qualité.

La canalisation de l'Huveaune appartient à la Ville. — Nous
renvoyons, pour plus de détails, à l'étude du docteur Mireur; on
en retiendra surtout que cette eau reçoit et transporte à Marseille
toutes les déjections, tous les résidus de la ville d'Aubagne, dont
elle forme l'égout collecteur; elle est malsaine et profondément
infecte; elle contient jusqu'à 6,500 microbes par centimètre cube,
et cependant c'est l'eau que la Ville distribue dans quelques
casernes, des écoles, des prisons et plusieurs fontaines publiques,
notamment celle de la place Castellane et celle de la rue d'Aubagne;
enfin elle alimente presque exclusivement les bornes-fontaines des
vieux quartiers.

On ne peut comprendre comment après les analyses et les

travaux de Messieurs Rietsch, Guérard et Mireur, la municipalité actuelle qui prétend se préoccuper si fort de l'assainissement, continue à empoisonner les Marseillais avec l'eau de l'Huveaune.

L'eau de la Durance n'est pas certes le type des eaux potables, mais si on prenait soin de la préserver de toute souillure, elle serait encore d'une qualité passable.

Les travaux de M. Rietsch ont démontré que prise au bassin de Réaltor, elle est presque exempte de microbes, quoique le canal qui l'amène soit découvert, il n'a traversé jusque-là que des plateaux boisés ou sans cultures. Mais à partir de Saint-Antoine, il entre dans le territoire de Marseille, traverse des propriétés habitées et cultivées et reçoit par conséquent des eaux pluviales et d'infiltration chargées de matières organiques ; et arrivé au quartier du Merlan, il contient déjà 300 microbes par centimètre cube. A partir de là, il est utilisé à des usages industriels, force motrice pour des moulins, tanneries, et pour le lavage des grains. Aussi, arrivée au bassin de Longchamp, l'eau contient *trois mille* microbes au centimètre cube.

Une administration sage n'aurait pas eu de préoccupation plus importante que de supprimer ces causes de souillure, quand bien même elle eût dû renoncer aux revenus qu'elles lui procurent. On aurait trouvé une compensation dans les économies réalisées dans les Hôpitaux, et même sans compensation, l'amélioration de la santé publique, valait bien ce sacrifice.

Nous ne saurions trop réclamer à la municipalité la fin d'un état de choses aussi grave, elle aurait dû le faire cesser aussitôt qu'elle en a été avertie par MM. Rietsch et Mireur.

Il importe donc de prendre l'eau de la Durance au point où elle est encore saine et de l'amener en ville par une canalisation fermée et souterraine, de supprimer les emplois industriels de l'eau qui doit servir à l'alimentation et d'exclure l'eau de l'Huveaune de tout usage domestique (1).

------

(1) Nous sommes heureux de voir que l'administration s'occupe de cette question. (*Petit Marseillais* du 13 Janvier).

Si l'on en croit les ouvrages des ingénieurs sanitaires, l'eau de la Durance arrive abondamment à Marseille, mais les habitants ne s'en aperçoivent guère. Si les maisons des quartiers aisés en sont pourvues, elle manque dans presque toutes celles des quartiers populeux qui sont d'un trop faible revenu pour supporter les charges d'adduction et d'abonnement, qu'imposent les règlements municipaux. Là encore une réforme s'impose. Il faudrait réviser les tarifs, ou, comme le fait la ville de Havre, accorder à chaque habitant un certain nombre de litres gratuitement et ne faire payer que le surplus.

Les statistiques ont prétendu que la ville de Marseille possédait 1.000 litres par tête d'habitant; mais, prenons seulement 250 litres que l'honorable M. Burle, directeur de la voirie, croit pouvoir nous accorder ; ils suffiront amplement pour les besoins publics et privés et la Ville pourrait bien sur cette quantité accorder à chaque habitant 10 litres gratuitement pour favoriser l'extension de la consommation à domicile à titre de mesure d'assainissement.

Comment se font les Vidanges

Marseille compte 35.500 maisons, dont 24.500 sont comprises dans l'agglomération urbaine.

19.000 possèdent en apparence un système de vidange, les 5.000 autres n'en ont aucun. On estime qu'il y a 500 fosses fixes, 4.000 puisards et 5.000 tinettes filtrantes, qui, pour la plupart, jettent leurs eaux vannes au ruisseau ; les autres maisons ont la *tinette sèche*. Cette étiquette, il ne faut pas se le dissimuler, couvre presque toujours tout simplement le jet à la rue.

En résumé, on peut dire que 10.000 maisons (elles sont toutes dans les quartiers modernes), sont desservies tant bien que mal par un système de vidange. Les autres n'en ont pas, et dans les vieux quartiers comme dans les faubourgs, le jet à la rue est le seul mode d'évacuation de tous les résidus de la maison et de ses habitants.

Il est bien évident que l'on ne peut tolérer plus longtemps un pareil état de choses.

Les seuls systèmes de vidanges pratiques, dans une grande ville, sont : les fosses fixes, les tinettes filtrantes et le tout à l'égout.

Les hygiénistes et les ingénieurs sont absolument unanimes à condamner les deux premiers systèmes et reconnaissent que, quand le tout à l'égout est possible, c'est le seul qui donne de bons résultats au point de vue sanitaire.

Est-il applicable à Marseille ?

Peu de villes sont mieux disposées au point de vue topographique, pour l'application de ce système. Sur la plus grande surface, les pentes sont très prononcées et on pourrait y construire un réseau d'égouts parfait pour les vitesses d'écoulement et d'un curage facile, et sauf dans une partie basse très restreinte, on obtiendrait un écoulement facile à la mer.

De plus, adoptant cette solution, on n'aura pas, comme dans les villes de l'intérieur, à faire d'énormes dépenses pour ne pas infecter les cours d'eau et les régions d'alentour.

On n'aura pas non plus à tenir compte d'un énorme capital dépensé antérieurement pour d'autres systèmes de vidanges.

Nous avons vu que Marseille ne possède que 500 fosses fixes. La transformation des puisards et des tinettes sera peu coûteuse et les propriétaires sont unanimement favorables au tout à l'égout. Enfin, la Ville possède assez d'eau pour assurer son bon fonctionnement.

Mais, par contre, le tout à l'égout n'est pas applicable aux vieux quartiers, aux 4,500 maisons qui ne possèdent aucun moyen de vidanges. Pour l'appliquer à ces maisons, il faudrait demander aux propriétaires, les moins riches de la ville, des installations dont la plupart ne pourraient supporter les frais, parce qu'ils seraient hors de proportion avec leurs ressources ; les obliger à se relier à l'égout serait les ruiner. Il faudrait continuer à tolérer l'état de choses actuel : le jet à la rue ; et la municipalité s'en est si bien rendu compte que, par l'article 20 du règlement pour le tout à l'égout, elle prévoit cette tolérance.

Dès lors, à quoi bon une application immédiate d'un système de vidange qui ne pourrait s'adapter qu'à dix mille maisons sur 24,500, soit à beaucoup moins de la moitié du nombre total, et laisserait forcément dans l'état actuel les immeubles des quartiers les plus peuplés et les plus malsains.

Faut-il donc abandonner ce système ? Nous ne le pensons pas ; mais il faut en reculer l'application jusqu'au moment où tous les quartiers de la ville pourraient en profiter, et chercher quelle est la transformation la plus rapide possible pour y arriver.

Cette transformation des quartiers malsains, il faut la commencer de suite, car tout ce que l'on entreprendrait sans cela ne modifierait en rien leur situation sanitaire. — Ces quartiers sont insalubres parce qu'ils sont trop vieux et mal construits, et aucune des lois de l'hygiène ne peut y être appliquée efficacement.

Il faut donc avant toute chose les démolir en totalité et les reconstruire sur un plan nouveau.

L'Administration qui exécutera ce travail méritera plus de reconnaissance que les Belsunce, les Roze et les trois Consuls de leur temps; elle n'aura pas seulement arrêté la peste, elle l'aura rendue impossible.

Comment procéder ?

Par expropriation ? On ne peut y songer : les finances de la Ville ne s'en relèveraient pas.

En fermant les maisons pour cause d'insalubrité, ou parce que le propriétaire se refuserait aux mesures d'assainissement prescrites par le règlement municipal, comme le demande le projet de loi qui y est annexé ? Ce serait inique d'abord, et aurait pour effet immédiat de faire renchérir les loyers ouvriers et de rejeter les travailleurs dans les faubourgs, où ils ne trouveraient que des logements encore plus insalubres.

On ne peut y parvenir que par un moyen terme qui ne serait ni très coûteux pour la Ville, ni très onéreux pour les propriétaires.

Il faudrait que la Ville fît dresser un nouveau plan de rues de ces quartiers, ne tenant que fort peu de compte de celles qui existent, mais en évitant autant que possible *les déblaiements*, qui font ressortir le terrain trop cher.

Tracer des rues de moyenne largeur en rapport avec les services qu'elles doivent rendre. Raccorder quelques-unes sans trop grande pente avec les grandes voies existantes ; les autres auraient la pente naturelle du terrain et seraient de simples traverses de communication ; les espacer suffisamment pour que chaque îlot puisse avoir un espace vide intérieur considérable qui assurerait l'aération.

Ce plan une fois dressé, la Ville achèterait un ou deux îlots pour amorcer les rues et, par une entente avec une ou plusieurs Sociétés immobilières, ferait construire des maisons ouvrières sur le modèle de celles des logements à bon marché de Londres et de New-York.

La concurrence faite aux anciens logements ferait déserter immédiatement, ceux-ci, et les Sociétés immobilières qui se seraient engagées à racheter tous les immeubles en vente pourraient le faire à des prix raisonnables, d'autant que dans ces quartiers les immeubles n'ont pas une grande valeur, ils rapportent de 8 à 15 pour °/₀ et se capitalisent sur le pied de 7 à 12 fois le revenu.

La concurrence obligerait les propriétaires à baisser le prix des loyers ou à vendre, ils seraient trop heureux de le faire à une Société solvable, à un prix raisonnable, contre espèces ou obligations.

La surface rebâtie augmenterait rapidement, surtout si, comme il est probable, d'autres Sociétés se formaient pour faire concurrence aux premières.

Bien entendu, ces Sociétés abandonneraient le terrain des nouvelles rues à la Ville, à un prix déterminé d'avance, ou livreraient les rues en état de viabilité, pavées et munies d'égouts et de conduites de toutes sortes.

Nous croyons que, conduite ainsi, la transformation des vieux quartiers ne serait ni longue, ni coûteuse et nous pouvons affirmer que l'administration qui ferait cela, aurait mieux mérité des classes ouvrières que celles d'autres villes qui, par des travaux irréfléchis, rejettent au loin dans les faubourgs ces populations qui n'y trouvent que des logements malsains.

Dans les quartiers des faubourgs on ne peut plus suivre cette méthode.

La plupart des maisons sont des taudis infects édifiés sur des enclos et des rues non classées, avec des débris de toute nature, dont la rente très élevée peut être qualifiée d'usuraire.

Que cette exploitation soit faite par le propriétaire, ou par le locataire du terrain, nous la condamnons et approuverons toutes les mesures de contrainte, même les plus rigoureuses, que la police croira devoir prendre dans l'intérêt sanitaire de la population ouvrière.

Mais il y a quelques exceptions. De très nombreux et recommandables ouvriers, au prix de privations journalières, sont parvenus à acheter un terrain et à y construire une habitation, leur petit «home». A ceux-là, moins encore qu'aux petits propriétaires des vieux quartiers, il est possible d'imposer les charges d'un assainissement, si modérées qu'elles soient. On ne peut pas non plus les exproprier, ce serait les rejeter dans le prolétariat nomade dont ils ne sont sortis qu'avec le plus grand effort.

Là, il faudra n'exiger que des améliorations sanitaires très modérées, favoriser les Sociétés philanthropiques, la coopération, les
associations, qui feraient l'avance des frais de ce minimum de
précautions sanitaires, remboursables par terme à de longues
échéances.

Le tout à l'égout ne peut donc venir qu'en seconde ligne puisqu'il
ne pourra être appliqué qu'après la transformation des vieux quartiers, mais il ne faut pas moins étudier dès à présent les moyens de
l'appliquer.

M. Cartier, agent-voyer-chef du département, a présenté un
projet d'égout collecteur, dans lequel il abandonne résolument les
tracés aboutissant au Nord qui avaient prévalu jusqu'à ce jour, avec
quelques raisons sans doute. C'est donc au Sud que M. Cartier
envoie les déjections de la ville et les rejette en dehors du golfe de
Marseille au delà des chaînes de montagne.

Le Conseil municipal, approuvant les idées de M. Cartier, a
adopté le projet, l'a dénommé projet d'assainissement et en poursuit
l'exécution.

Ce projet n'a été conçu que pour jeter hors du golfe les résidus
de Marseille. Son auteur, dans les études qu'il a poursuivies, les
rapports qu'il a présentés, les communications de toutes sortes
qu'il a faites, ne se réclame d'aucun autre principe.

Discuter ce principe, en contester l'utilité, c'est discuter le projet
lui-même; après quoi il y aura lieu d'examiner si la solution pré-
sentée par M. Cartier est la meilleure et la plus économique.

Le golfe est-il infecté par les égouts actuels? Le sera-t-il avec les
débouchés existants ou ceux à créer, si on réalise le tout à l'égout
avec évacuation par un ou plusieurs syphons déversant au delà des
jetées?

Les eaux du port sont infectes, souillées et à leur surface s'étalent
toutes sortes de résidus; mais ces résidus ne sont pas des matières
fécales, ils proviennent surtout du jet direct aux bassins par les
navires et les riverains et fort peu des égouts.

Au contraire, en rade, en mer, il n'est pas rare d'en rencontrer.

Cela ne pourrait venir que par le seul égout qui se jette en eau
vive. On n'a qu'à se rendre à son débouché sur la jetée en face du
môle des Messageries, on n'en voit sortir aucun corps flottant, ce
n'est donc pas cet égout qui les apporte.

Les matières fécales, roulées, diluées dans un volume d'eau consisidérable, mélangées aux sables, n'arrivent à l'orifice des égouts qu'à l'état de boues et d'eau chargée de matières organiques.

Les analyses données par différents auteurs, montrent que les eaux des égouts sans déversement de matières fécales solides, sont à peu de choses près aussi chargées de matières organiques, que celles des égouts recevant ces matières, mais dans aucun cas on ne signale abondance de matières flottantes; cela tient évidemment à la plus grande abondance d'eau employée dans ce dernier cas.

L'état actuel du golfe ne serait donc probablement pas aggravé par le fonctionnement du tout à l'égout; mais il ne changerait pas non plus, parce qu'il provient surtout du jet direct à la mer et aux ruisseaux de la banlieue, jet qui ne serait pas modifié par le projet du Conseil municipal.

Il est facile de vérifier ce que nous avançons par une simple promenade sur les rivages des environs, surtout dans la direction de l'Estaque.

Personne ne prendra au sérieux l'argument que cinq ou six mètres cubes d'eau sale jetés par seconde dans le golfe, loin du rivage et en dehors des bassins des ports, puissent polluer l'eau de la Méditerranée.

Nous ne le réfuterons donc pas.

Quant aux matières fécales, elles ne représenteraient, si tout Marseille y contribuait, que deux ou trois cents grammes par mètre cube d'eau d'égout, trois dix millièmes du total.

L'argument de l'infection du golfe existe donc, mais quand on l'examine sans parti pris, on voit qu'il se réduit à peu de chose. En tous cas, il ne provient pas du fait de Marseille et le tout à l'égout n'y changera à peu près rien. Si on veut le faire disparaître ou du moins le diminuer, c'est par des mesures de police dans la banlieue et par des mesures de voirie dans les agglomérations importantes des villages de cette banlieue, qu'on y parviendra.

Il ne paraît donc pas nécessaire de mener l'émissaire à Cortiou, pour éviter les seuls corps flottants, ni de dépenser vingt millions, soit trois mille francs par jour en intérêt, pour un aussi mince résultat.

L'idée fondamentale du projet ne soutient donc pas l'examen.

Voyons si les avantages techniques et financiers lui donnent plus de force.

Ici, la critique est plus difficile, on ne peut juger que par comparaison avec ce qui existe dans des conditions analogues, mais non semblables.

A Paris, les grands collecteurs d'Asnières, Marceau, des Quais, sont dans les mêmes conditions de pentes, mais un peu meilleures et reçoivent régulièrement une quantité d'eau très grande. Et cependant les rapports des commissions et des ingénieurs sont remplis de doléances au sujet de la difficulté de curage, et n'eût été l'obligation absolue de ces faibles pentes, on n'aurait jamais exécuté ces travaux dans ces conditions. On ne les a faits qu'après des études approfondies, démontrant l'impossibilité de mieux faire et parce que c'était une amélioration sur ce qui existait.

A Bruxelles, même obligation, et nos renseignements formulent les mêmes critiques ; cependant Bruxelles met dans ses égouts, par ses prises sur la Senne, beaucoup plus d'eau qu'on n'en pourra jamais donner à Marseille.

On peut conclure que l'égout Cartier fonctionnera d'une façon très défectueuse, uniquement à force de curage mécanique, et par conséquent d'argent ; c'est pourquoi, sans doute, l'entrepreneur n'a consenti à faire ce travail qu'en *Régie*, il n'y aura pas de mécompte pour lui, et peu lui importera ; au contraire, plus la dépense sera élevée, plus son bénéfice de 15 0/0 sera grand.

L'émissaire de M. Cartier ne donnera pas les vitesses prévues par lui ; après quelques mois de service, les boues, les sables que la ville de Marseille donne en si grande abondance, à cause de la mauvaise qualité de ses pavés, de ses sables et de ses empierrements, formeront des bancs solides, d'épaisseurs inusitées, que les bateaux vannes chasseront bien à la longue, mais qui ralentiront le débit, s'ils ne l'arrêtent complètement (1).

En outre, pour conduire le débouché à 12 kilomètres, partant d'une altitude de 5m 29, on a été condamné à traverser la ville dans sa partie la plus importante, au centre même, à une profondeur si faible au-dessous du sol, que l'on a dû doubler la canalisation pour avoir la section nécessaire, et lui donner une hauteur si faible sous clef, 1m 11, que le curage artificiel en sera à jamais impossible.

---

(1) Un bateau vanne ne mettra pas moins d'un mois à parcourir la longueur de l'émissaire. A Paris, ils marchent à raison de 0m 25 à l'heure.

Mais ce qui est plus grave encore, la profondeur sous les cours Belsunce, Saint-Louis et rue de Rome, croisement du thalweg de toutes les vallées, partie basse où les principaux collecteurs secondaires devront aboutir, le grand collecteur qui doit les recevoir n'a que *un mètre dix centimètres* de hauteur (1).

Ces collecteurs secondaires ne pourront avoir davantage, se raccorderont sans chûte à l'émissaire et ne pourront, eux aussi, être jamais nettoyés ni curés, quelque accident qui s'y produise.

Cette faible profondeur empêchera également aucune maison riveraine du grand collecteur et des collecteurs secondaires d'y déverser leurs eaux ménagères et les matières fécales sans compromettre toutes les règles de la prudence et de l'hygiène, puisque le plan des eaux du grand collecteur sera à un mètre cinq centimètres seulement au-dessous du sol de la chaussée. A plus forte raison les caves ne seraient pas drainées par l'égout, ce que tous les hygiénistes regardent comme une partie essentielle de l'assainissement des habitations.

Nous n'examinerons pas les autres questions techniques, par la bonne raison que nous n'en connaissons, et que personne n'en connait qu'un profil en long et quelques sections. Le reste du projet a été tenu secret, ou peut-être, n'existe pas. C'est possible puisque l'étude pour un avant projet des égouts secondaires par M. Burle, directeur de la voirie, qui dans l'ordre naturel des études, aurait dû précéder le projet du grand collecteur, n'a été fait et très sommairement que longtemps après, et que dans son traité M. Génis a été chargé de faires les études de détail.

Ce projet qui s'annonçait comme donnant une solution large et magistrale du tout à l'égout, n'en donne au contraire qu'une solution boiteuse et couteuse, qui, dès le principe, avant tout commencement d'exécution, recourt à des expédients malheureux.

On ne peut s'expliquer comment le Conseil municipal a pu l'adopter sans qu'il fût démontré au préalable que c'était le seul et unique moyen.

Ce que le Conseil municipal n'a pas fait, nous allons l'essayer.

Nous n'avons pas la prétention de présenter un projet, ni d'exa-

_____

(1) Voir appendice II.

miner la question sous toutes ses faces; nous laissons ce soin à de plus compétents, mais si nous fournissons une solution, présentant des avantages sur le projet de l'émissaire au Sud, celui-ci doit être écarté.

Cette solution existe, au moins partiellement, elle présente l'avantage énorme sur le projet que nous discutons, d'être en plein fonctionnement et de fournir des résultats certains, c'est le collecteur de Montricher qui aboutit au syphon de la Joliette.

Pour s'en assurer on n'a qu'à se rendre sur la jetée, on verra que le syphon ne jette à la mer que des eaux troubles, mais sans odeurs, et n'apporte aucune matière flottante.

Les poissons abondent à son issue et c'est le poste le plus disputé par les pêcheurs.

Et voilà plus de vingt ans que l'expérience dure sans arrêt, sans accident, sans inconvénient.

Comment est on arrivé à ce résultat, par des observations pratiques, celui qui l'a trouvé, n'en a pas même parlé, à l'inverse de ce qui se pratique de nos jours.

Une chambre à sable existait à l'intersection de la rue de la République et du Boulevard des Dames; on y ajouta un système de grilles disposées pour arrêter les matières flottantes et un entrepreneur est chargé d'enlever les quelques matières fécales qui surnagent encore.

Perfectionnez cette chambre, rendez permanent et mécanique l'enlèvement des sables et des matières flottantes, elle pourra suffire à écarter tous les inconvénients du tout à l'égout pour le golfe et la salubrité de la ville; car nous ne pensons pas qu'il vienne à l'esprit de personne que 5 ou 6 mètres cubes d'eau sale par seconde, sans matières flottantes, puissent souiller l'eau du golfe.

Donc le problème du tout à l'égout peut avoir une solution plus simple, plus rationnelle, plus conforme aux règles de l'hygiène puisqu'on aura plus de pente, moins coûteuse comme exécution et curage que celle de M. Cartier, en adaptant la chambre du syphon de la Joliette au débouché de tous les collecteurs existants, en amenant les débouchés de ceux-ci au delà des jetées par un ou plusieurs autres syphons traversant les môles.

Il est évident que dans ce système comme dans tout autre réseau d'égout, il faudra autour des ports un collecteur de ceinture inférieure dont les eaux seront relevées par des moyens mécaniques.

La construction de ce collecteur est déjà arrêtée par la Ville, d'ailleurs avec le concours de l'État.

A cet égout, on joindra, après avoir fait subir à leurs sections toutes les modifications reconnues nécessaires aujourd'hui :

1° Le collecteur transversal des Catalans qui sera terminé cette année et aura coûté un million.

2° Le collecteur de Montricher, qui traverse la ville, de Castellane à la Joliette.

3° Le collecteur de ceinture du boulevard National, qui va de la gare Saint-Charles au bassin d'Arenc.

4° Le collecteur supérieur nord de la place du Lenche, au collecteur de Montricher par la rue Colbert.

5° Un collecteur de ceinture supérieure du Jarret, à créer ultérieurement s'il y a lieu, et qui ira du Prado-la-mer au cap Pinède, en suivant le Jarret, assainissant ainsi toute la banlieue sur son passage.

Sur ces collecteurs se greffera un réseau secondaire d'égout, étudié avec autant de soin qu'eux-mêmes, réseau dont l'évacuation sera ainsi assurée par étages, avec des pentes considérables, au lieu que dans le système projeté, toutes les eaux seront amenées brusquement au point le plus bas de la ville, pour de là être conduites fort loin ; comme si on avait cherché à la fois le système de collecteur nécessitant la plus forte pente imaginable, et le tracé réalisant la moindre pente possible.

Il est facile de se rendre compte du fonctionnement de ce système de collecteur, puisque celui qui aura la pente la plus faible, l'égout de Montricher, a deux mètres de pente par kilomètre, contre trente centimètres dans le projet municipal ; on pourra, avec des modifications bien étudiées des radiers, obtenir le curage naturel sans aucun moyen mécanique et comme à Francfort dépenser quelques mille francs à peine pour l'entretien.

Ce système permettrait, en outre, d'utiliser les 58 kilomètres d'égouts et les 7 ou 8 millions qu'ils ont coûté, et on fera l'économie des 20 millions à dépenser pour l'émissaire avec pente au Sud.

Certes, nous sommes d'avis qu'une ville ne doit pas regarder à la dépense quand il s'agit de son assainissement, c'est à dire de la vie de ses habitants, et ce ne serait pas trop cher que de payer trente-trois millions la réduction de la mortalité de 32 à 20 0/00, soit

5,000 décès de moins par an, et au moins 15,000 malades ; mais il est du devoir d'une ville de ne dépenser qu'utilement.

Ces dépenses sont inutiles quand les travaux entrepris ne remplissent pas le but auquel on les destine, ou le remplissent mal, ou quand elles sont hors de proportion avec le résultat.

De plus, elles sont fâcheuses quand les travaux entrepris rendent inutiles toutes les dépenses faites antérieurement pour atteindre le même but, à moins qu'il ne soit prouvé que ces dépenses ont été le résultat d'une erreur. Suivre le nouveau plan serait prononcer la condamnation et l'abandon de tous les travaux d'égouts entrepris depuis 40 ans et ceux en cours d'exécution. Je veux parler de l'égout des Catalans, qui coûte un million. Ce serait admettre que depuis un demi-siècle, toutes les Municipalités, tous les ingénieurs et notamment ceux du corps des Ponts-et-Chaussées, MM. de Montricher, Pascal, Gay et autres se sont trompés.

Nous avons peine à le croire.

Nous laissons aux ingénieurs de bonne volonté le soin de chercher une solution meilleure ou d'améliorer celle-ci ; mais il est, croyons-nous, démontré que le projet Cartier n'est et ne peut être qu'un mauvais expédient conçu dans le but d'obtenir un résultat fort désirable dans l'avenir, mais d'une utilité secondaire pour le moment, et que d'ailleurs il ne réaliserait pas.

La municipalité s'est trop pressée d'adopter un projet insuffisamment étudié.

Nous en donnerons comme preuve le rapport de M. Gabriel Maurin, où le projet n'est évalué qu'à dix-sept millions, et le traité avec M. Genis, ou la dépense, s'élève à 33,500,000 francs.

L'avant-projet de M. Burle sur le réseau secondaire qui suit le dépôt du projet au lieu de le précéder ; ce travail, de beaucoup le plus important, était absolument nécessaire pour établir le projet d'émissaire dans lequel il doit se déverser.

Enfin, la modification importante de la section, dans la traversée de la partie centrale de la ville, modification faite depuis l'adoption du projet.

Le Conseil municipal s'est également trop pressé de passer un traité avec un entrepreneur pour l'exécution.

Comment expliquer autrement les fautes lourdes qu'on peut y relever si facilement.

Fixation d'un minimum de vitesse d'écoulement trop faible pour garantir un bon fonctionnement des égouts et de l'émissaire.

Acceptation de la régie pour le curage et l'entretien, ce qui annule la responsabilité de l'entrepreneur et engage les finances de la Ville dans une voie qui mènera à des sacrifices énormes.

Autorisation à l'entrepreneur de transférer ses droits et obligations à une Société anonyme d'un capital dérisoire ; le capital disparaîtra et la Ville se trouvera en face d'obligataires dupés par un semblant de garantie donné par la Ville. Je passe les moins importantes.

Ce traité, au dire de M. le Maire, était le meilleur des six présentés. Il est fâcheux qu'il n'ait pas cru devoir nous en donner un aperçu.

En adoptant ce projet, le Conseil municipal a assumé une bien lourde responsabilité et une plus lourde encore en se liant avec l'entrepreneur par un traité de gré à gré, au mépris de toutes les lois sur les travaux communaux.

Dans une pareille question, la méthode à suivre, à notre avis, eût dû être la suivante :

Le Conseil aurait dû faire appel à deux ou trois hygiénistes et ingénieurs renommés pour leurs travaux d'assainissement et les adjoindre à une commission de citoyens éclairés, chargés d'étudier notre ville, ses conditions topographiques, l'état de ses habitations, ses ressources en eau, égouts, etc., et sa situation financière.

Cette commission tracerait un programme général de l'assainissement.

Ce programme tracé, faire étudier par des ingénieurs compétents un projet total ou partiel, réalisant ce programme ou mieux le donner au concours, avec la première commission pour juge.

On pourrait demander que chaque projet soit accompagné d'une étude financière.

On pourrait également, soit compter pour l'exécution sur des ressources d'emprunt, soit donner à l'adjudication, les moyens financiers. Ces concours terminés, mettre successivement en adjudication par lots découpés, les différentes parties des projets, de façon que les entrepreneurs de notre ville puissent les soumissionner et que leur concurrence profite aux deniers publics. Adopter d'ailleurs dans l'exécution, l'ordre qu'aurait indiqué le programme, ordre basé sur les nécessités sanitaires et les disponibilités financières.

Cette méthode aurait eu l'avantage de ne pas bouleverser la ville, sa vie ordinaire et de n'exiger des sacrifices pour ses finances que peu à peu, à mesure que des résultats seraient acquis et quand les redevances et les taxes imposées paieraient déjà au moins en partie ceux obtenus.

Ce n'est pas avec un esprit de parti et de partialité que nous avons abordé cette étude.

Nous n'avons en premier lieu pas d'autre but que de nous instruire et d'examiner si les conditions de fonctionnement du projet municipal seraient avantageuses pour notre ville.

C'est en poursuivant cette étude que nous avons acquis la conviction, que ce projet était mal conçu, mal étudié et ne donnerait que des déceptions, qu'il serait ruineux pour nos finances.

Cette conviction nous a fait rechercher ce qui serait meilleur.

Nous n'avons pas la prétention d'avoir indiqué la solution définitive de l'assainissement de Marseille; mais nous sommes sûr que le plan dont nous avons esquissé les grandes lignes serait de beaucoup préférable à celui que l'on veut exécuter.

Que la municipalité laisse de côté tout faux amour propre, qu'elle appelle des hommes compétents et éprouvés et leur donne la mission de chercher la vraie solution et qu'une fois trouvée elle se mette résolument à leur suite pour réaliser l'assainissement de Marseille, nous serons des premiers à l'applaudir et à la soutenir ; car notre patriotisme et notre amour pour Marseille passent au-dessus de toute autre considération.

APPENDICE

I

Les plus grandes maisons des vieux quartiers valent 15.000 fr.; les plus petites, 1.000 fr. à peine ; dans pas mal de maisons, les étages appartiennent à des propriétaires différents.

Voici les charges qu'imposerait à ces maisons le règlement qui accompagne le tout à l'égout :

Maisons de 1.000 à 3.000 fr.		De 4.000 à 15.000 fr.	
Droit de façade sur 5 m à 50 fr.	250 fr.	sur 8 m	400 fr.
Installation des eaux et lieux.	800 »		1.500 »
Branchement sur l'égout......	600 »		1.600 »
	1.650 fr.		2.900 fr.
En intérêt.................	82 fr. 50		145 fr.
Charges annuelles { eau......	30 » »		40 »
{ droit d'égout...	20 » »		40 »
	132 fr. 50		225 fr.

Donc, pour un revenu de 150 à 300 fr., les charges s'élèveraient à 50 °/₀ ; pour un revenu de 400 à 1.500 fr., 20 °/₀.

Nous avons bien le droit de dire que l'application du tout à l'égout aux maisons des vieux quartiers équivaudrait à la ruine des propriétaires.

II

Pour nous rendre compte de la difficulté que l'on aura à raccorder les égouts venant d'amont avec le type spécial de l'émissaire sous les cours Belsunce et Saint-Louis, nous prendrons comme exemple celui de la rue Noailles,

Au milieu de la Cannebière, le radier du type spécial est à la cote 3ᵐ 874 ; celle du sol (plan Burle), 5ᵐ 870. Différence : 1ᵐ 996.

Nous admettons que l'on prendra pour le collecteur de la rue Noailles une pente de 0ᵐ 004 par 1ᵐ nécessaire, croyons-nous, pour déverser dans un collecteur général à 0ᵐ 002 de pente.

A l'axe de la rue des Récollettes, à 36ᵐ de distance, le radier du collecteur Noailles sera à la cote 3ᵐ 954 ; le sol est au même point à 6ᵐ 590 (plan Burle), la différence ne sera que de 2ᵐ 472, hauteur insuffisante (1ᵐ 52) pour qu'un homme puisse le parcourir. Il faudrait pour cela remonter à la hauteur de la rue Longue-des-Capucins, à plus de 100ᵐ, pour avoir cette hauteur et encore sans banquette.

Il nous paraît inadmissible qu'un raccordement qui, par le ralentissement du courant, donnera certainement lieu à des dépôts de sable et de vase, ne puisse être ni visité, ni curé. Et nous ferons remarquer que dans nos calculs, nous n'avons pas donné de chute du collecteur à l'émissaire ; chute qui serait nécessaire pour ne pas avoir de remous, mais impossible à donner par suite de la hauteur sous clef de l'émissaire qui n'est que de *un mètre onze centimètres*.

Nous n'avons pu calculer la section du collecteur Noailles, mais sa largeur ne pourra être moindre que celle de celui existant, 2ᵐ 20, section trop large qui étale les eaux et favorise les dépôts.

Nous ne parlerons également que pour mémoire de l'affaiblissement que donnera un évidement aussi considérable à la voûte extrêmement surbaissée du type spécial de M. Cartier sous une voie où circulent journellement des poids de dix à vingt mille kilogrammes, quelques fois davantage, voûte qui ne sera qu'à *vingt centimètres* au dessous des pavés.

Tout ce que nous venons de dire s'applique encore, à plus forte raison, à l'égout de la Grand-Rue, construit depuis le choléra, qui devant se raccorder à une cote plus haute encore, ne saurait se jeter dans l'émissaire et devra être abandonné, et toutes les eaux de cet égout, qui se jettent à l'égout de Montricher, iront à l'égout de ceinture du Vieux-Port et devront être pompées.

L'égout du boulevard National deviendra aussi inutile, et ses eaux iront aux pompes.

On remarquera que nous n'avons pas examiné la question si importante des déversoirs ; mais nous ne connaissons ni leur emplacement exact, ni les quantités d'eau qu'ils auront à débiter : on pourrait contester les chiffres que nous choisirions. Mais ce sera encore une difficulté presque insurmontable si on les établit sur le type spécial du cours Belsunce.

III

Nous avons appris de la bouche même de M. Cartier, qu'il avait renoncé à raccorder tout égout avec le type spécial et que par un collecteur parallèle plus élevé passant rue Longue-des-Capucins et rue Vacon ou Rouvière il ramènerait les eaux d'Amont venant des égouts des rues Dauphines, Tapis-Vert, Thubaneau, l'Arbre, Noailles, à l'émissaire dans la rue de Rome et que les maisons entre la rue Longue-des-Capucins et les Cours jetteraient leurs eaux dans le collecteur de ceinture des ports.

C'est environ 6 mille mètres carrés de plus qui jetteraient leurs eaux dans ce collecteur et qu'il faudra pomper en plus, en Régie avec 15 % de bénéfice pour M. Génis, mais là pas de difficulté. Il faudra faire passer les eaux de cette surface sous l'émissaire des Cours et si cet émissaire est trop haut pour recevoir les eaux, il est trop bas pour les laisser passer dessous.

Nouvelle difficulté qui permettra à l'auteur de ces projets de montrer son ingéniosité dans la recherche des expédients qui finiront peut être par assurer la marche de son égout.

Comme nous l'avons dit on s'efforce de faire un réseau d'égout qui puisse déverser à l'émissaire au lieu d'un émissaire pour recevoir les égouts parce qu'on a mis la charrue avant les bœufs.

www.ingramcontent.com/pod-product-compliance
Lightning Source LLC
Chambersburg PA
CBHW060810280326
41934CB00010B/2633